AF192587

MANIFIESTO ZOMBI

MANIFIESTO ZOMBI
El poder del libro

Pedro Rújula

CONSEJO SUPERIOR DE INVESTIGACIONES CIENTÍFICAS

Madrid, 2026

Catálogo de Publicaciones de la Administración General del Estado:
https://cpage.mpr.gob.es

EDITORIAL CSIC: *https://editorial.csic.es* (CORREO: *editorialcsic@csic.es*)

© CSIC, 2026
© Pedro Rújula
© Puri Salví, de las ilustraciones

ISBN: 978-84-00-11583-8
e-ISBN: 978-84-00-11584-5
NIPO: 155-26-055-0
e-NIPO: 155-26-056-6
Depósito legal: M-9031-2026

Maquetación: César Matesanz (Editorial CSIC)
Impresión y encuadernación: RB Fotocomposición, S. A.
Impreso en España. *Printed in Spain*

En esta edición se ha utilizado papel ecológico sometido a un proceso de blanqueado ECF, cuya fibra procede de bosques gestionados de forma sostenible.

En el metro son muy pocos los que de mañana sostienen un libro entre las manos de camino al trabajo o a las aulas. Casi todos los que hacen algo consultan su teléfono móvil. En sus pantallas se suceden imágenes aleatorias que reclaman un instante de atención. Entre fascinados y somnolientos, aguardan un no se sabe qué capaz de arrancarles de la monotonía de las primeras horas del día. En este momento no hay nadie a la vista que lea en papel. Podría parecer una casualidad o una simple anécdota. Pero sabemos que no lo es. Las pantallas se han impuesto. Y allí donde había un soporte de papel, ahora se encuentra un dispositivo retroiluminado lanzando destellos que demandan, casi exigen, nuestra mirada y nuestro tiempo. Estamos asistiendo, sin haberlo decidido, pero sin haberlo impedido, a una importante mutación, tan importante que está transformando las bases mismas de nuestra cultura.

Resulta extraño pensar que estas pequeñas e inocentes pantallas puedan conspirar para modificar las bases de la cultura. Sin embargo, la forma de acceso a los contenidos condiciona el contenido mismo. Lo dijo McLuhan. El medio es el mensaje.[1] Y esto, en el caso de los teléfonos móviles, es más verdad que nunca. La pantalla es el mensaje. El hecho de usarlas limita drásticamente lo que se lee a través de ellas. Hay contenidos a los que nunca se accederá mediante un teléfono móvil. Entre ellos los libros. No tanto porque no se pueda como porque no se hace. ¿Cuántos de los que utilizan teléfonos móviles a nuestro alrededor los utilizan para leer libros?

Aquí, las redes sociales realizan su trabajo a la perfección. Captan la atención y el tiempo de los usuarios con contenidos ligeros, visuales, fragmentarios, emocionales, sorprendentes, pintorescos, adictivos… que son suministrados a través de una pantalla siempre a mano, accesible, deslumbrante, obediente, ágil, esti-

---

[1]   McLuhan, *Comprender los medios,* 29.

mulante, placentera... Son el tándem perfecto: dispositivos electrónicos y redes sociales accesibles las 24 horas del día, en cualquier lugar, en la cama, en el trabajo, en las aulas, en el transporte público, en el baño, en la fila de espera, en el bar, en los momentos de ocio, en una sobremesa que se alarga, en un momento de aburrimiento o en otro de diversión, incluso mientras se disfruta de otros contenidos, como una película, una serie, en un concierto, en un partido o, también, cuando se está leyendo un libro. Siempre hay una buena razón para consultar el móvil.

Y, ante esto, ¿qué puede hacer el modesto libro impreso? Un antiguo invento con cinco largos siglos de existencia durante los cuales apenas ha evolucionado.[2] Sigue siendo básicamente lo mismo que en sus orígenes: un artefacto cultural compuesto de hojas cosidas o pegadas, estampadas por ambas caras y que, paginadas correlativamente, constituyen una secuencia tanto física como intelectual; que el lector debe tomar en las manos interactuando directamente con él y que, al cerrarlo, custodia su contenido inalterado, dando testimonio de que una vez un ser humano

---

[2]   Blasselle, *Livre,* cap. 2.

pensó, escribió, imprimió y comunicó a través de ese libro lo que pasaba por su mente. Ajenas al proceso de desplazamiento de un modelo de cultura basado en soportes físicos, nuevas generaciones se introducen directamente en otro que se mueve casi exclusivamente en soporte digital. El uso de los dispositivos electrónicos les induce a creer que todo lo que necesitan se encuentra al alcance de su mano, a un simple clic, basta con una sencilla consulta a la inteligencia artificial (IA). El desafío es inmenso; el resultado previsible: la batalla está perdida antes mismo de comenzar el combate.

EL DESAFÍO ILUSTRADO

Pero esto, el desplazamiento intuitivo de un modelo de cultura por otro, ya había sucedido otras veces. Durante la Ilustración, en el siglo XVIII, Voltaire y otros muchos como él desafiaron a la cultura oficial del Antiguo Régimen. Pero no lo hicieron de manera directa, atacando frontalmente a las instituciones culturales oficiales, sino de una manera muy ingeniosa, a través de la sátira, con un lenguaje nuevo, deslumbrante,

inteligente, difícil de rebatir. Y de ese modo fueron extendiendo la idea de que había un régimen de superstición, autoritarismo y sinrazón que aprisionaba las mentes y oprimía los cuerpos. Era preciso buscar la libertad personal a través de la emancipación del pensamiento.[3] No había libertad más elevada que pensar libre y en esa batalla se embarcaron poetas y dramaturgos, pensadores y periodistas. Eran muy distintos unos de otros, pero tenían en común esa voluntad de abrir las puertas y hacer que la sociedad se convirtiera en cómplice suyo participando del nuevo lenguaje y de la difusión del conocimiento hasta entonces accesible tan solo a las élites.

El más importante dispositivo para librar esta batalla fue la *Enciclopedia*,[4] un proyecto titánico que reunía todo el saber existente hasta ese momento. La obra era un monumento al conocimiento, y un acto de afirmación de la nueva cultura ilustrada. Allí estaba reunida toda la sabiduría del mundo occidental. Quien la leyera accedería a las herramientas para desvelar las tramas de

---

[3]   Es la «autonomía» a la que se refería Todorov, *Espíritu de la Ilustración,* 44.

[4]   Darnton, *Aventure de l'Encyclopédie.*

las que se había valido el poder para prolongar la ignorancia y la dominación. El libro era el instrumento para la emancipación. Los individuos serían libres si tomaban las riendas de su vida y aplicaban la razón de los hombres. Las viejas instituciones —la Iglesia y la Monarquía— acusaron el golpe, pero su reacción fue de desprecio hacia aquellos jóvenes arrogantes que se habían atrevido a amenazar a una cultura centenaria y poderosa. Les llamaron despectivamente *philosophes,* es decir, filósofos, expresión cargada de ironía y desdén que muy pronto se volvería contra ellos. Igual sucedió en nuestro país cuando los serviles proclamaban durante las Cortes de Cádiz: «España no será feliz, ínterin no comisione a la Inquisición para que la limpie de filósofos, por el mismo orden con que la limpió de judíos».[5] Sin embargo, aquellos filósofos terminaron derribando a sus reyes y a sus dioses y sentando las bases de la sociedad moderna, la sociedad de los derechos, de las libertades y de la razón.

Los *philosophes* dominaban el medio y utilizaban un lenguaje fascinante que cautivó a los nuevos públicos y les atrajo a sus ideas. De la forma al fondo. De la

---

[5]   [Alvarado], *Primera carta crítica,* 41.

estética al contenido. Del argumento atractivo, del endiablado ritmo de su prosa, de la sugerencia malvada de sus poemas, a la negación de toda una cultura, al desprecio de las viejas autoridades, a la sustitución de la antigua legitimidad intelectual. El medio había vuelto a ser el mensaje. El mensaje venía envuelto en una nueva estética que, convertida en medio, había arrasado las formas de la vieja cultura. No tuvieron que desmontarla argumentalmente pieza a pieza. Acabaron con ella, sin más, por la evidencia. A medida que la cultura ilustrada se iba extendiendo sustituía las anteriores formas de saber estableciendo una estética y unos principios propios de los nuevos tiempos. Quienes pensaron que los viejos actores, con toda su solemnidad, su poder y su sabiduría, tenían todas las de ganar, que iban a arrasar desde el primer momento que entraran en liza, se equivocaban. La batalla estaba perdida, porque no se libraba en el campo de las ideas, sino en el de las intuiciones, los sentimientos y las convicciones.

La situación actual tiene algo en común con aquella. Tampoco las pantallas están realizando una crítica razonada y directa de aquello con lo que están acabando. Lo consiguen con la acción. El medio es el mensaje. Las pantallas difunden su mensaje con la voz y con la imagen. Y antes de poder comprobar si lo que afirman es cierto, ya hay otra imagen y otro texto que sustituyen al anterior. ¿Dónde está la bolita? ¿Quién será capaz de desmentir un mensaje que solo ha permanecido unos segundos en el aire antes desvanecerse a golpe de pulgar sustituido por otro igual de superficial e intrascendente o igual de falso que el anterior? ¿Quién quiere desmentirlo cuando existe un mar de ellos inundando las redes? ¿Es posible hacer frente a las mentiras o las medias verdades cuando se navega sobre un océano de desinformación? ¿Cabe la posibilidad de buscar la verdad en la era de la posverdad?[6] La partida parece terminada sin haber tenido tiempo para lanzar la bola. *Game over.*

CULTURA DEL LIBRO

En otro lugar, ajena al avance de los contenidos ofrecidos en pequeñas dosis a través de las pantallas de dispositivos móviles, se encuentra todavía la cultura

---

[6]   D'Ancona, *Posverdad* 17.

del libro. Es decir, un universo cultural construido en torno al libro y las bibliotecas, y a toda la circulación de conocimiento e información que tiene lugar a su alrededor. El libro del que hablamos no es necesariamente físico, basta simplemente con que sea libro, o lo que es lo mismo, discurso secuencial compuesto por un número suficiente de páginas para que pueda dar lugar a un pensamiento articulado y complejo. Un dispositivo que requiere iniciativa para seleccionar el título deseado y voluntad para abrirlo, decisión para identificar la página en la que comenzar la lectura y ánimo para desentrañar activamente su contenido.

Personalmente pienso que todas las virtudes del libro se encuentran en la versión impresa en papel. En ella se puede avanzar y retroceder fácilmente. Valorar el grosor de las obras y la estructura de los capítulos. Comprobar si tiene o no ilustraciones. Buscar fácilmente un contenido en el índice o en la bibliografía. Subrayarlo y anotarlo. Colocarlo a un lado para tomar unas notas, o deslizarlo en una mochila y llevarlo de aquí para allá. Dejarlo en la mesita de noche o en la mesa del salón. Comprarlo en la librería y traerlo a casa. Depositarlo al final de una pila para que desde

allí te recuerde que al gastar tu dinero en él hiciste una declaración de interés y una promesa de lectura.

Pero no es indispensable. Hay libros digitales que igual son libros. Y que se leen y trabajan en el ordenador o en el libro electrónico y siguen siendo libros. Desde luego. Hoy en día, cuando los libros tienen tantos formatos, no tendría sentido entender como libros solo los de papel. Actualmente, el trabajo intelectual ha incorporado con normalidad las versiones electrónicas de las obras y es frecuente pasar de un formato a otro sin mayor dificultad. Las cosas no cambian demasiado. La lectura mixta, digital y física, es ya una práctica extendida que da muy buenos resultados.[7] El libro se ha desmaterializado, pero el concepto y la naturaleza del discurso siguen siendo los mismos. Un libro electrónico es un libro. Aunque yo prefiera leerlos en papel. Cuestión de hábitos de lectura y técnica de trabajo intelectual validada por el tiempo. Solo eso.

La importancia del libro no es tanto por lo que dice, sino por cómo lo dice. Su existencia es la garantía de una manera de argumentar, de contar, de criticar, de infor-

---

[7]   Gubern, *Metamorfosis de la lectura,* 121.

mar, de instruir, de sugerir, de advertir, de proponer, de provocar, de inducir… Hasta ahora la cultura occidental ha sido la cultura del libro, no porque toda la cultura esté en los libros, sino porque ellos operan como nodo de relación entre todos los factores que se combinan en la cultura. No en vano los métodos de enseñanza y aprendizaje han situado el libro en un lugar privilegiado. Aprender y leer libros es algo que se realiza de manera paralela en los primeros años de vida, mientras se configuran el carácter y la sensibilidad, y en el momento en el que se van adquiriendo las nociones básicas sobre el individuo y sobre la sociedad. Leer libros y aprender han ido de la mano hasta que las pantallas se introdujeron en las aulas. Llegaron investidas de una aureola mágica que descartaba cualquier contestación. Se concedían a la tecnología atributos morales positivos. Aprender con herramientas electrónicas era intrínsecamente bueno. Lo nuevo era bueno, frente al modelo de aprendizaje anterior basado en el soporte físico de los contenidos. Las pantallas en las aulas eran solo la avanzada de lo que iba a ser todo un modelo de cultura basada en contenidos digitales.

Desde entonces, los pasos han sido rápidos. La transformación de los hábitos de acceso a los contenidos culturales ha cambiado profundamente. La cultura basada en el libro como elemento central se ha visto seriamente afectada y marginalizada en disputa con los contenidos en soporte digital servidos en las mismas plataformas que el entretenimiento multimedia. Llegados hasta aquí, cabe preguntarse si la cultura del libro tiene futuro. Incluso si, en este momento, aún sigue con vida. ¿Y si en realidad ya no existe? ¿Y si ha muerto a manos de un nuevo modelo basado en las pantallas? Habrá quien diga que sí, que está viva. Que lo demuestran las cifras de ventas de los libros. Según los informes más recientes, el mercado editorial sigue disfrutando de muy buena salud y el número de lectores no deja de crecer.[8] No hay nada de qué preocuparse entonces. Y, sin embargo, a nuestro alrededor el uso de pantallas se generaliza cada año que pasa, cada generación que viene. ¿No estaremos ante un espejismo? ¿Y si el modelo cultural basado en el libro está muerto y no nos hemos dado cuenta? ¿No seremos los defensores de la cultura del libro unos muertos vivientes? ¿Y si, en realidad, nos estamos comportan-

---

[8]   Federación de Gremios de Editores de España, *Comercio interior,* 58.

do como auténticos zombis frecuentando los mismos lugares, repitiendo los mismos rituales y realizando las mismas acciones de cuando estábamos vivos? ¿Qué está pasando a nuestro alrededor?

ESPACIAL

Existe en la lectura una cuestión muy básica ligada a lo físico. ¿Cómo se lee? ¿Donde se lee? Los datos dicen que la mayor parte de los lectores de libros lo hacen en papel —68,9 %—, mientras que la lectura de libros digitales en España no alcanza ni la mitad —33,2 %—.[9] En apariencia todo está bien. Sin embargo, vistos con detalle, los datos indican otras cosas. Por ejemplo, entre 2018 y 2025, el porcentaje de lectores que leían en cualquier tipo de soporte digital aumentó un 10 %. En ese mismo intervalo de tiempo, la lectura en el teléfono móvil ha experimentado un incremento mucho mayor, pasando de un 31,4 % al 76,2 %. Eso quiere decir, no solo que cada vez más personas leen en soportes digitales, sino que el dispositivo en el que leen es un

---

[9] Conecta, *Hábitos de lectura,* 46.

teléfono móvil. De modo que, si solo un 11,8 % declara leer libros en el teléfono móvil, la mayor parte de lo que se lee a través de pantallas se considere lectura, pero no son libros.

Poco a poco las pantallas se imponen por el tiempo de uso. Cada vez los dispositivos electrónicos exigen más dedicación. No es necesario combatir la lectura en papel, de hecho, son muchos los usuarios que se declaran partidarios de los libros impresos, pero la vida real, con sus ritmos y sus accidentes, hace imposible dedicar el tiempo que un libro necesita. No hay condiciones para encontrar las decenas de minutos, las horas o los días que son precisos para abordar un libro, entrar en él y desentrañar la propuesta. La inmediatez de las pantallas arrasa con todo lo que requiere tiempo, concentración, actitud reflexiva, etc. Ese no es su fuerte. Las pantallas están pensadas para otra cosa.

De hecho, los contenidos que circulan en las redes sociales no son textuales, sino multimedia. Agregan textos, imágenes y sonidos para captar la atención por alguna de estas vías en apenas unos segundos. El mensaje no puede ser complejo; tiene que ser desentrañado rápidamente. Los comunicadores han descubierto que son mucho más efectivos cuando la

emoción sustituye a la reflexión y, sobre todo, que el proceso es mucho más rápido. La elocuencia del sentimiento permite saltarse varios peldaños en la demostración. La argumentación lógica es mucho más lenta e ineficiente. Las redes van un paso por delante de la intuición permitiéndonos descubrir lo que ya sabemos, pero experimentando la satisfacción del hallazgo intelectual. Hay una plenitud extraña en el descubrimiento de nuestras convicciones en la boca de otros, porque confirma nuestras ideas, refuerza nuestros prejuicios y afianza nuestro ego. Eso sí, el resultado no va en beneficio de la complejidad ni de la profundidad.

El uso de dispositivos móviles para el acceso a la información ha transformado los hábitos de lectura propios de los periódicos impresos. El soporte de papel permitía imágenes en color y en blanco y negro, pero no en movimiento. Los nuevos periódicos pueden insertar videos entre las noticias. De lo que se han dado cuenta los analistas de información es que, más allá de los titulares, cada vez se leen menos los textos y se presta más atención a las imágenes; y que si se encuentra un documento de video el usuario tiene tendencia, casi natural, a ejecutarlo. De modo que los periódicos han decidido dar a los usuarios lo que quieren, es decir, imágenes en acción. Incluso las redacciones de los periódicos han incorporado un elemento que hasta hace poco era inusual. Se trata de un set de televisión, para que el director o los redactores, al tiempo que elaboran una noticia, realicen una grabación dando un avance o editorializando sobre alguno de los asuntos del momento. El dispositivo electrónico lleva a la imagen en movimiento y aleja al usuario del texto, de la lectura personal, de la búsqueda de sentido propio a los acontecimientos.

HABILIDADES

Entre los lectores actuales hay algunos que se formaron en el mundo del libro impreso. Otros muchos, ahora son la mayoría, descubrieron más tarde las virtudes de los contenidos digitales. Primero con los ordenadores, más tarde con los libros electrónicos y con las tabletas, y finalmente con los smartphones, han tenido un contacto cotidiano con las herramientas digitales. Son el perfil mayoritario de usuarios de libros, bien sean impresos o no. Su relación con lo digital ha sido producto de una larga convivencia con la cultura de lo escrito. Han disfrutado de múltiples posibilidades de elegir y su acceso a los contenidos digitales y a las herramientas informáticas se ha producido de manera progresiva teniendo la oportunidad de calibrar los beneficios y las pérdidas derivadas de cada paso, de cada opción. Aun así, incluso los más avezados lectores, y bien entrenados en el trabajo intelectual, acusan el golpe de lo digital. El escritor Juan Tallón se expresa categóricamente en este sentido afirmando que «nos hemos convertido en esclavos del teléfono», siempre a la búsqueda de nuevos estímulos, y denuncia una pérdida de habilidades vinculada a esta dependencia diciendo: «Hemos perdido la capacidad de prestar atención».[10]

Por aquí parece que van las cosas. Los dispositivos electrónicos son adictivos, incluso en aquellos lectores habituados a la lectura serena, que poseen un amplio bagaje de lecturas librescas y un largo aprendizaje dentro de la cultura que bien podríamos denominar tradicional. Tan adictivos que podemos estar perdiendo algunas de las habilidades ligadas a los aprendizajes

---

[10]   Tallón, entrevista.

tradicionales. La cultura ilustrada lo tenía claro. El conocimiento surgía de la toma de posición crítica respecto de los asertos circulantes. Para eso defendía la ampliación de las fronteras del conocimiento, la libertad intelectual y la autonomía personal en la búsqueda de la verdad. Pero todo ello no puede llevarse a cabo si no somos capaces de atender, de concentrarnos durante un tiempo en una sola cosa, de orientar nuestro interés en una dirección que nosotros mismos hayamos decidido.

GENERACIONES

Pues si esto es así para una generación bien asentada y formada en la cultura del libro, ¿cómo estará afectando en el proceso formativo y en la actividad intelectual de las generaciones siguientes? ¿Qué efectos tendrá sobre aquellos que no han tenido la oportunidad de conocerla en plenitud e interiorizar en forma de aprendizaje las habilidades derivadas de la cultura sobre soporte físico? La escritura a mano, así como la lectura de un libro en papel, son partes del aprendizaje intelectual moderno. Escribiendo a mano se aprende a escribir, estableciendo una conexión entre la herramienta de escritura y el cerebro a través del papel. El lenguaje se materializa en el plano blanco de la forma más sencilla y directa, y adquiere forma gráfica, dimensión física, complexión literaria. Vemos cómo nace la palabra de nuestro trazo, que es una propiedad íntima de lo que somos. Todavía firmamos para dejar constancia de quien recibe un envío o acreditar la personalidad del remitente al pie de una misiva.

La lectura sobre un ejemplar en papel transmite muy bien la unidad de discurso que contiene la obra. Ofrece la experiencia de seguir un camino trazado de antemano, adentrarse en la propuesta que contiene y recorrer un itinerario. La propia experiencia material de la lectura sobre un *codex* proporciona información complementaria al texto, tanto por sus dimensiones como por el papel, la tipografía, el diseño…, características que hablan al lector proporcionando elementos complementarios al discurso. Según Roger Chartier, en el cambio del libro físico a la lectura digital se produce una ruptura de la continuidad del discurso, y esto implica una pérdida en la idea de unidad y totalidad de la obra.[11] Incluso, señala, tienen lugar cambios

---

[11] Chartier, «Universidad como contexto», 27.

en la lógica de la argumentación a medida que el lector va pasando de un texto a otro. Algo similar a lo que sucede en la enseñanza universitaria con los materiales fragmentados y extractados que reciben los alumnos que, si bien facilitan el acceso a los textos, les alejan de la lógica integral de un libro y, lo que puede ser peor, de la capacidad para leer obras extensas que requieran tiempo y concentración prolongada.

Cabe recordar que la lectura es un acto que produce, crea, inventa sentido a partir de lo escrito, y que, cuando se modifica la manera de leer, se transforma el sentido del texto.[12] La experiencia de leer desencadena procesos intelectuales únicos en el lector que tienen mucho que ver con el pensamiento y la creatividad.[13] Leer es un «asombroso ejercicio intelectual y material»,[14] al que tal vez no le hemos prestado suficiente atención en la encrucijada tecnológica en la que nos movemos. Porque no es lo mismo acceder a la información que leer, ni es lo mismo leer que entender y, aun entendiendo, eso no significa estar apren-

---

[12] Chartier, «Du livre au lire», 82.

[13] Canal, *Contar España,* 12.

[14] Lledó, *Libros y libertad,* 138.

diendo.[15] La lectura crítica, en otro tiempo paradigma de la comprensión, cede terreno mientras se extiende el uso de las pantallas. No es de extrañar que caigan los índices de comprensión lectora a la vez que se multiplica la circulación de textos de autoría difusa, procedencia oscura e intención no confesada.[16]

EDITAR

La función del editor en los medios tradicionales, no solo en el libro, sino también en los periódicos, ha sido seleccionar los contenidos, tratarlos con rigor, jerarquizarlos, ordenarlos, presentarlos y, finalmente, colocarlos ante los lectores. Su éxito ha dependido del buen ejercicio de estas funciones. De su mano, las obras han buscado un espacio entre los lectores y lo han hecho avaladas por las garantías que ofrece una exigente actividad profesional. La confianza en un editor es un capital inestimable en la circulación de informaciones y contenidos. Todavía hoy, el prestigio que conservan algunos sellos editoriales o cabeceras

---

[15]   Cavallo y Chartier, «Introduction», 217.
[16]   *PIRLS 2021*.

de prensa está directamente ligado a la enorme calidad que demuestran en todas las fases de su trabajo ofreciendo diariamente a los lectores el resultado de un oficio complejo y muy necesario en el espacio cultural.

Por su parte, los entornos digitales han abierto la puerta a la autoedición, entendiendo por esto la producción de contenidos textuales y gráficos por los propios autores. La desaparición del editor como intermediario tiene una doble consecuencia. De un lado la caída de la profesionalidad en los contenidos circulantes, tanto en cuestiones de diseño como de composición e incluso de corrección lingüística de muchos de ellos. Pero la pérdida más importante es la desaparición de un profesional responsable de la edición de contenidos cuya función era dotar de rumbo al proyecto editorial que llevaba entre manos. Construir una línea editorial y responsabilizarse de los autores y las obras que se canalizan a través de una estructura estable es una forma de enriquecer el medio cultural favoreciendo el debate serio, propiciando corrientes estéticas e intelectuales que pueden ser discutidas o aplaudidas, pero que históricamente han sido fundamentales para la difusión del conocimiento.

La desaparición del editor en las redes sociales supone que no hay un criterio expreso según el cual se articulan los contenidos ni un responsable de la secuencia en la que se van sucediendo en las pantallas. Sin embargo, la impresión es falsa. Más allá de la banalidad de muchos de los contenidos, está el algoritmo que interpreta las tendencias, introduce sesgos y ofrece temas de acuerdo con criterios ocultos. Es decir, que es el programador de los algoritmos quien, tras analizar nuestras preferencias, nos ofrece una nueva experiencia basada en la información que nosotros mismos le hemos dado y en su voluntad de orientar nuestra atención. El algoritmo se ha convertido en el nuevo editor. Aquel que elige por nosotros, pero del que no conocemos ni su rostro ni tampoco sus intenciones. Apoyándose en una utopía democrática, la red, de la que todos podemos participar libres e iguales, estamos perdiendo a los profesionales de la edición, hombres y mujeres de la cultura que contribuían a hacer más inteligible el mundo. A medida que el algoritmo elige por nosotros, nos hacemos más débiles, más manipulables, porque el lugar donde se toman las decisiones está cada vez más lejos y el rostro de los responsables queda oculto por un velo siniestro.

Ni siquiera André Schiffrin, cuando a finales del siglo pasado se lamentaba de que la edición estuviera prescindiendo de los editores sustituyéndolos por directores financieros, se había imaginado hasta donde podía llegar su premonición.[17]

AUTORÍA

En la lectura digital también hay una progresiva desaparición de la autoría. Cuando el libro se desmaterializa, pierden presencia todos los elementos que lo constituyen. Entre ellos los que apelan a los sentidos, como la dimensión, la textura, el grosor, el olor, el color o la tipografía. La cubierta ya no está presente en todos los momentos de la lectura, de modo que el autor, su nombre, su figura, se va postergando y desvaneciendo. No es que no exista, sino que no está presente, no está ahí. El texto es más huérfano cuando se consume en digital. Pero eso no es problema cuando se trata de un libro completo. Es cuestión de atención, disciplina o interés. Lo que sucede es que buena parte

---

[17]   Schiffrin, *Edición sin editores.*

de los textos a los que se accede a través de las pantallas no son libros. Muchos de ellos no están firmados y hay que hacer enormes esfuerzos por determinar la autoría.

Esta es la verdadera consecuencia: el soporte digital diluye la noción de autoría hasta casi hacerla desaparecer. No parece importante quien está detrás de los textos. Y si no hay conciencia sobre la autoría, mucho menos la habrá sobre la originalidad que está íntimamente ligada a aquella. Lo digital ha puesto en crisis la originalidad. Es como si lo que circula por la red fuera de todos, independientemente de quien lo haya producido.

La noción de propiedad está muy ligada a la de originalidad. Cuando se paga por un producto intelectual, se está reconociendo que es original y que tiene un autor, que es a quien se remunera, directa o indirectamente, mediante el pago. Hay algo moral en un acto tan prosaico como el de pagar: el reconocimiento implícito de que se adquiere un trabajo, un bien, algo valioso que se encuentra detrás del producto. Pero cuando un artículo es de libre acceso, la pregunta sobre la originalidad parece sobrar. Cabe recordar que la mayor parte de los lectores de libros digitales declaran acceder a ellos gratuitamente.[18] Eso quiere decir que cierran los ojos ante la acción pirata que están efectuando y asumen que nadie resulta perjudicado por esa acción. Es mejor ignorar que hay un autor detrás de ese texto, y un editor que ha tomado el riesgo de leer, corregir, maquetar, diseñar y publicar la obra. Descargar gratuitamente un libro cuya originalidad no se valora lo suficiente como para respetar la dignidad del autor que está detrás remunerando su trabajo es un gesto de indiferencia que prepara su desaparición.

INTELIGENCIA ARTIFICIAL

Esto no es lo peor. Cuando los lectores leen piezas unitarias en soporte digital —libros o artículos—, cabe la posibilidad de que sepan a qué autores están leyendo. Pero esto ya no ocurre con la inteligencia artificial. En ella se alcanza el nivel superior en la desaparición del autor y en el desprecio de la originalidad. La inteligencia artificial es un crisol al que van a parar todos los ingredientes que el encargado de alimentarlo sea capaz de aportar. Fundidos a alta temperatura,

---

[18] Conecta, *Hábitos de lectura*, 52.

los textos originales se han disuelto en una masa originaria donde nada es reconocible, pero que no existiría si no hubiera atraído hacia ella todos los textos, todos los autores, todas las obras disponibles a su alcance, llevadas hasta allí de manera lícita o no tan lícita. Porque ¿alguien se ha preguntado cuáles son las fuentes de la inteligencia artificial? ¿Es en realidad una inteligencia? ¿Es capaz de pensar por sí misma? La respuesta es que no, que la inteligencia no es tal si por ello entendemos que posea la cualidad de pensar y producir un pensamiento original.[19] Y mejor así, porque el día que sea programada para la originalidad, las consecuencias pueden ser impredecibles. Ahora bien, relacionando informaciones preexistentes no tiene rival, es magnífica. Por lo tanto, la inteligencia artificial triunfa pasando por encima de la autoría y la originalidad, y apropiándose del pensamiento humano. Pero en el universo de la información digital y fragmentada la fuente no es importante, solo los datos que se pueden recuperar a través de una consulta, y en eso la IA es imbatible.

Llegamos a un dilema. La IA es una trituradora de autorías y un depredador de originalidades ajenas, pero

---

[19]   Mhalla, *Technopolitique*, 90.

es buenísima ofreciendo resultados rápidos y prácticos. ¿Deberíamos negarnos a utilizarla? Esta decisión ya no está sobre la mesa. La IA se ha establecido y forma parte de nuestras vidas. Su utilidad está demostrada y su eficacia en términos de producción no tiene rival. Ahora bien, ¿somos conscientes de las fuentes que hay tras la IA y del trabajo intelectual laborioso y especializado que le da soporte? ¿Se puede entrenar gratuitamente una inteligencia artificial sin compensar a quienes produjeron el conocimiento básico sobre el que actuarán sus complejos filtros en el procesado de la información?

APRENDIZAJE

Y la otra cuestión espinosa es el uso de la IA en las aulas. Si la enseñanza es un aprendizaje y un entrenamiento para adquirir conocimientos y aptitudes, ¿cuál es el papel que puede cumplir la IA en este proceso? En realidad, en el aprendizaje, lo que puede hacer, en la mayoría de los casos, es interferir produciendo déficits que posteriormente provocarán fallos de preparación. Actualmente es frecuente que los alumnos pidan a la inteligencia artificial que elabore un trabajo en su nombre, es decir, que se ejercite ella en lugar del alumno. El beneficio en términos del aprendizaje del alumno es dudoso y la dependencia de la máquina, cada vez mayor. Una práctica muy extendida es pedirle a la máquina que realice un resumen. Dejar que la IA resuma un texto supone dejar de leerlo, dejar de pensarlo, dejar de estructurarlo, dejar de elaborarlo y dejar de escribir la respuesta por tus propios medios, tanto en términos de ideas como de lenguaje. ¿Cuál es el beneficio que se puede derivar de esta práctica?

En situaciones como esta la IA resume por nosotros, pero también piensa por nosotros y se ejercita por nosotros. Incluso le decimos lo que nos interesa y toma nota de ello, para utilizarlo como nueva información en el modelo algorítmico. Pero no aprendemos cuando el resumen lo hace ella, ni contenidos ni aptitudes. En nuestra época es muy frecuente ir al gimnasio, pero allí no existe la IA o su equivalente, es decir, una máquina que realice el ejercicio por nosotros. Si fuera así, ¿tendría sentido ir al gimnasio? Imaginémonos llenando la bolsa, accediendo a las instalaciones, enfundándonos la ropa deportiva y luego una máquina hace el ejercicio por nosotros mientras miramos, bien sea levantar unas pesas, o bien correr unos

kilómetros en la cinta. Después recogemos nuestras cosas y nos dirigimos a la ducha. ¿Tendría algún sentido ir al gimnasio? En el gimnasio se ejercita el cuerpo y en la enseñanza la mente. No hay duda sobre qué debe de hacerse en el primer caso. ¿Estamos seguros de que la IA debe formar parte de la enseñanza? Es evidente que la inteligencia artificial tiene que estar entre las materias que deben ser estudiadas y comprendidas, pero ¿seguro que es necesario dejar de pensar por nosotros mismos tan pronto? El conocimiento solo existe cuando está en nosotros, y esto supone un trabajo de apropiación, de interiorización y de asimilación: el aprendizaje.[20] Se ha convertido en un tópico combatir la desconfianza hacia la IA evocando la crítica de Sócrates a la escritura en *Fedro,* de Platón, porque dejaba los conocimientos fuera de las personas proporcionando «apariencia de sabiduría» pero no «verdad». Sin embargo, la interpretación es errónea, porque el faraón de la fábula no rechazaba la escritura, sino que llamaba a comprender la diferencia entre la técnica y el conocimiento.[21]

---

[20]   Dejardin, À *quoi bon encore apprendre?,* 17.
[21]   Platón, *Diálogos,* 252.

El tiempo del aprendizaje es el de la conquista de la autonomía, la oportunidad de adquirir capacidades que incorporamos, y nos acompañarán toda la vida. Las virtudes de lo físico en el aprendizaje son incuestionables. Tiempo habrá de dar el salto a lo digital, porque lo digital está en todas partes y su acceso es natural. Basta con ver la atracción que ejercen las pantallas sobre los niños. Lo que no es tan natural, y requiere sistema y voluntad, es la delicada relación con un papel impreso, con un cuento, con un lápiz o con el papel en blanco o rayado dispuesto para escribir. Esas son habilidades que tienen que cuidarse porque constituyen el núcleo de la acción intelectual en la cultura moderna. Una cultura que nació de la razón, del pensamiento crítico, de la confianza en la ciencia, de un individuo secularizado que buscaba por sí mismo la verdad y se sentía por primera vez libre de ataduras y capaz de actuar con autonomía. ¿Estamos renunciando a la autonomía intelectual si depositamos toda la confianza en la información recuperada a través de los dispositivos electrónicos? ¿Y a todas nuestras habilidades convencidos de que un teléfono móvil de gama más alta servirá siempre, sumiso, nuestras necesidades? ¿No merece la pena nadar y guardar la ropa conservando nuestra autonomía intelectual al tiempo que exploramos todas las posibilidades que nos prometen las nuevas tecnologías?

HISTORICIDAD

El imperio del libro en papel coincidió con una época en la que la historia fue cada vez más importante. La historia en su sentido más básico, es decir, como cronología y como causalidad. La concepción de la realidad estaba mediada por la percepción del presente como resultado de un pasado que merecía la pena ser conocido porque podía ofrecer explicaciones sobre lo que estaba sucediendo e incluso acerca del futuro que se quería conquistar. El lector era un hombre en el tiempo. Esto conllevaba asumir un relato explicativo de la evolución histórica que permitía incardinar el presente en una suerte de argumento. Los había de tipos muy diferentes —desde el cristiano al marxista, pasando por el liberal o el ilustrado—, pero todos tenían en común su confianza en la construcción discursiva de la realidad a partir de un patrón histórico. Sin embargo, cuando finalizaba el siglo XX, la historia experimentó un seísmo y la confianza en los grandes relatos explicativos se hundió.[22] Hubo quien, como Hartog, no tuvo ningún reparo en afirmar que de aquel colapso había surgido un nuevo régimen de historicidad marcado por el «presentismo».[23]

Podría ser una simple casualidad, pero aun así merece la pena explorar, como metáfora de los cambios que se están produciendo, el hecho de que el desarrollo de la lectura en soporte digital haya coincidido con la crisis de una visión histórica del presente. De hecho, los propios dispositivos electrónicos han contribuido a ahondar el problema. La lectura fragmentaria propia de los soportes digitales es muy coherente con un texto sin estructura que lo soporte. Saltando de un contenido a otro, el vínculo lógico que une a los fragmentos se debilita y con él la causalidad que los pone en relación. Esto alcanza su máxima expresión en las redes sociales, ya que su fragmentación es extrema y endiablada la velocidad con la que se suceden los segmentos de mensaje.

Las redes sociales han traído consigo una ahistoricidad extrema. El pasado como secuencia ordenada e

---

[22] Carreras, *Seis lecciones* 91.

[23] Hartog, *Croire en l'histoire,* 290.

inteligible de hechos no existe en ellas, ni tampoco una temporalidad clara en los documentos que se muestran en la pantalla. A los ojos del espectador, los materiales que consume se encuentran flotando en un magma impreciso dominado por lo inmediato y donde el pasado y el presente apenas se diferencian. En esa eterna actualidad resulta imposible cualquier idea de causalidad. Si la secuencia de hechos encadenados en el tiempo no existe, se hace muy difícil comprender los fundamentos del presente, qué fue primero y cómo se sucedieron los hechos. También se diluyen las responsabilidades y los intereses del orden de cosas que nos ha traído hasta aquí. Esta neblina sobre el pasado favorece, sin duda, a los más poderosos, es decir, a quienes son capaces de imponer un discurso sin necesidad de argumentarlo en el tiempo, ya sean los que dominan el algoritmo, o bien los que gestionan los grandes gabinetes de comunicación. Lo importante es que el receptor es mucho más fácil de manipular si carece de las referencias que necesitaría para percibir el engaño o la falsedad. Los consumidores reciben los contenidos fuera del tiempo, impregnados de emociones que giran en torno a argumentos no visibles pero que existen, y no se apoyan en el rigor y

en la demostración, sino en el interés. Y es que las tecnologías, antes que nada, son ideologías que soportan un proyecto político y forjan un horizonte.[24] De alguna manera, la tecnología es solo un buen pretexto, o el camino más conveniente para conseguir el objetivo deseado, ya sea vender o controlar.

TIEMPO

No deja de ser curioso que ese universo de las pantallas donde el tiempo de la historia se deforma hasta perder su significado, sea también un verdadero agujero negro del tiempo. Cada vez las pantallas absorben más tiempo de los usuarios. La progresión no se detiene. Son horas delante de ellas, con el dispositivo nervioso en la mano, que deben de ser detraídas de alguna otra actividad. A pesar de toda la tecnología de la que nos hemos rodeado, hay cuestiones físicas que todavía no se han alterado. Entre ellas, que los días siguen teniendo 24 horas, de las que hay que dedicar bastantes a funciones básicas para el mantenimiento

---

[24] Mhalla, *Technopolitique,* 98.

de la vida, como dormir, comer o trabajar. Si los días no se alargan y cada vez se dedica más tiempo al uso de pantallas, ¿de dónde se toma?

Las pantallas tienen la virtud de integrar en un mismo soporte la lectura y el entretenimiento multimedia, todo ello conectado a buscadores de internet y redes sociales. Es el interfaz perfecto, puesto que lo ofrece todo. Pero, en realidad, como hemos dicho, no todo lo que podría hacerse con los dispositivos electrónicos se hace realmente. Tratándose de máquinas intuitivas, rápidas y adictivas, la tendencia de uso es hacia contenidos de ocio fragmentario que, si bien no es muy provechoso, tampoco requiere grandes dosis de atención. Porque el tiempo de uso de pantallas será mucho, pero es escasamente productivo, ya que no resulta fácil controlar ni prever el itinerario que resultará de una sesión ante el dispositivo.

Sale perdiendo la lectura de textos articulados. El tiempo dedicado a las pantallas se detrae del contacto con otros estímulos de ocio y cultura que tradicionalmente procuraban los libros o las películas de duración convencional. No obstante, aunque la tendencia es clara, el abanico de comportamientos es muy amplio y no lleva necesariamente hacia un horizonte decididamente pesimista.[25] En los últimos años el porcentaje de los que se declaran lectores se ha mantenido constante. Entre ellos, han aumentado quienes leen por ocio y los que leen libros en soporte digital. También ha experimentado un incremento el número de lectores de cómics y de novelas gráficas. Sin embargo, en el último año se leen menos libros y periódicos, mientras que aumenta de manera continuada la lectura en webs, blogs, foros y redes sociales.[26] Además, del análisis de estos mismos datos se deduce que la «lectura digital presenta un claro efecto edad: los más jóvenes destacan en libros digitales y cómics, mientras que en la edad adulta crece con fuerza el consumo digital de prensa, revistas y contenidos *online*».[27]

VERDAD

Como afirma Jean-Fréderic Schaub, el pasado no se inventa, sino que hay que construirlo, y esto se hace

---

[25] Sobre escribir largo como «acto de resistencia cultural» frente al *scroll* infinito, véase Marimón, «Carrie Bradshaw», 2026.

[26] Conecta, *Hábitos de lectura,* 8.

[27] *Ibidem,* 98.

con rigor en el análisis, lógica en la explicación y defendiendo los argumentos con información que pueda ser verificada y demostrada.[28] Ahora bien, si no existe una concepción histórica rigurosa y de referencia, se puede proponer cualquier explicación interesada; solo hay que hacerlo con fuerza y convicción. La repetición de los mensajes terminará por convertirlos en verdad. Y el patrón de verdad científica, surgida del rigor, el análisis y la crítica, se ve sustituido por otro nuevo basado en el ruido ambiente que reitera mensajes falsos o sin demostrar que, poco a poco, destruyen la idea de autoridad científica o intelectual. Porque más importante que acabar con una idea es poner fin a la credibilidad del sistema de referencias que otorgan crédito a determinadas instancias. La ignorancia adquiere así importancia política y estratégica.[29] En ese contexto, es menos importante difundir ideas falsas que hacer dudar de todo. No es de extrañar que las redes estén dominadas por un cierto antiintelectualismo que eleva el sentido común a norma suprema

---

[28] Schaub, *Passé ne s'invente pas,* 215.

[29] Engel, *Vices du savoir,* 315.

y aleja cotidianamente al espectador de los patrones de verdad basados en la razón y la demostración.

En esto los libros se han demostrado ser mejores protectores de la verdad. Sobre todo, porque sus contenidos remiten a marcos de interpretación incluidos en las propias obras dándoles así sentido y procurando al lector las herramientas de validación. Además, en su condición de entes físicos y complejos, los libros permiten una dinámica de indagación racional que ofrece al lector la oportunidad de buscar su propio camino hacia aquello que denominamos verdad. El universo del libro impreso no es perfecto ni está exento de deformaciones y manipulaciones, pero en él no es tan fácil decir una cosa y su contraria al mismo tiempo, entre otras cosas porque lo dicho queda ante nuestros ojos de manera indeleble. La cultura del libro ha sido durante mucho tiempo el soporte del saber científico y una garantía de continuidad cultural.[30] Las pantallas y las redes sociales, sin embargo, se han demostrado un medio especialmente vulnerable a los fenómenos de desinformación. Es la rapidez de los mensajes, la descontextualización, la ausencia de causalidad, la dilución

---

[30] Domínguez, «Carlo Feltrinelli».

de la autoría, la banalidad intencionada, el predominio de contenidos que apelan a los sentimientos, lo que hace posible erosionar las viejas autoridades. El ruido termina acabando con las voces, y, cuando no existe criterio de verdad, quien se termina imponiendo es el más fuerte o el bárbaro, que muchas veces es el mismo.

Pierden la ciencia y la democracia, porque la ciencia es democrática en sus efectos, ya que ofrece un lecho de verdad sobre el que construir la vida. La ciencia somete a todos al dictado de la razón, desde el oligarca hasta el más sencillo de los ciudadanos. Y cuando desaparece su voz y se quiebra su autoridad se imponen los poderosos y los bárbaros. Por eso es tan importante para quienes aspiran a dominar la opinión pública destruir los criterios de verdad construidos lenta pero sólidamente durante tanto tiempo en torno al método y a la demostración científica. En el mundo de papel, la capacidad que estos tienen para intervenir es mucho menos eficaz, mucho menos rápida, mucho menos perfecta. En el mundo de papel siempre hay un minuto más, un instante para volver hacia atrás y para leer de nuevo una página que no parece convincente o que no ha quedado del todo clara.[31] Y consultar otra vez una afirmación polémica que quedó encerrada en un libro o buscar el argumento necesario leído en una obra que identificamos fácilmente en nuestra biblioteca personal.

COMUNIDAD

Al final, la tecnología de las pantallas, ayudada muchas veces por los auriculares, han terminado construyendo un entorno de individualismo narcisista en el que el usuario se siente cómodo, mecido por las propuestas de contenidos sucesivos basados en las preferencias expresadas en los clics. Individuos aislados interactuando en una red ciega a los usuarios —no a los programadores y empresas de *big data*— tomando decisiones independientes sin tener en cuenta la relación con los demás. Ya lo había planteado el gran pensador de la política Thomas Hobbes hace casi cuatrocientos años.[32] Cuando los individuos aislados toman sus decisiones sin coordinarse con sus semejantes lo hacen

---

[31]   Zaid, *Demasiados libros,* 61.
[32]   Hobbes, *Leviatán,* cap. 13.

guiados por un egoísmo elemental del que siempre resulta la peor de las elecciones posibles para el conjunto. ¿Por qué los gestores del algoritmo están tan interesados en mantener al individuo aislado interactuando en solitario con la aplicación? ¿Qué surge de esta atomización del consumo cultural y de ocio? ¿Cuál es la posibilidad de manipulación del usuario solitario sin conexión directa con los demás? ¿Cómo tomar decisiones adecuadas para todos sin posibilidad de concertación?

Desde los griegos hasta hoy, lo social había tenido un correlato físico que se materializaba en el espacio ciudadano.[33] Tras la Ilustración y con el desarrollo de los regímenes liberales, el intercambio se multiplicó y fue posible el surgimiento de una esfera pública que ofrecía a los individuos un marco para dirimir los intereses colectivos, participar de la formación de la opinión general y contribuir a la toma de decisiones.[34] Los impresos desempeñaron un papel central en este proceso. Tanto los libros como los periódicos fueron soportes de información que se movían por el espacio físico modelando la sociedad. La li-

---

[33] Ezquerra, *Polis y caos,* 33.

[34] Habermas, *Historia y crítica,* 173.

bertad de expresión y la educación de los ciudadanos en el mundo moderno ha estado íntimamente ligada a la cultura de lo impreso. Las bibliotecas públicas se han convertido en verdaderos templos del saber colectivo en la sociedad democrática. Todo ello entrelazado —educación, libertad de expresión y bibliotecas— constituye una metáfora de lo colectivo, porque son los mimbres básicos sobre los que se construye una idea de lo común, del interés general, de los proyectos compartidos, de lo más conveniente para todos.

El frío individualismo de las redes sociales, el aislamiento de las pantallas, el placer laxo de los contenidos gratuitos… es una pendiente hacia la atomización de la sociedad y hacia la pérdida de conciencia de los intereses comunes. Frente al oscurantismo de la prescripción electrónica y a los caprichos de la inteligencia artificial, cabe reivindicar un contrapunto físico, que nos devuelva al mundo de lo real, al universo tangible en el que se juegan los intereses y los afectos. Y ese es el mundo de lo impreso que nos invita a la lectura reposada y dichosa, a dedicar el tiempo que requiere disfrutar de un buen texto, a elegir el contenido que queremos llevar a los ojos, a conservar a mano las obras de nuestra preferencia, a construir un archivo material de lo que hemos disfrutado leyendo, a compartir con los nuestros, los amigos, los vecinos, los que queremos y los que queremos convencer, el descubrimiento de la última novela o las ideas del ensayo recién aparecido. Umberto Eco contaba que para él era esencial conservar las obras importantes que había leído y las que todavía tenía por leer como si fuera una selecta bodega. No deseaba alejarse mucho de ellas, convencido de que «la biblioteca es la garantía de un saber».[35]

La tecnología de las pantallas y los auriculares ha construido un entorno para el consumo individual de contenidos culturales y de ocio. Lo individual no es nuevo en la lectura, sobre todo desde que se adoptó la lectura en silencio y, con la alfabetización de la sociedad, se abandonaron las prácticas de lectura colectiva en voz alta.[36] Lo diferente de esta esta nueva tecnología para acceder a contenidos, visto desde la perspectiva del libro, no es tanto que se produzca un choque frontal, sino que está teniendo

---

[35]   Eco y Carrière, *Nadie acabará con los libros,* 226.
[36]   Urrutia, «Crisis de la lectura», 3.

lugar un desplazamiento nada evidente, pero constante, hacia el consumo digital. Y eso no solo en el tiempo de uso, sino también en la sensibilidad con la que se percibe el entorno a través de las pantallas nerviosas. O, lo que es lo mismo, existe una dimensión social de la tecnología que es importante tener en cuenta porque no solo transforma la interpretación de nuestro entorno, sino que modifica las relaciones sociales y la articulación de las dinámicas colectivas produciendo un efecto de atomización y de aislamiento inconsciente que es perjudicial para los intereses colectivos y para la convivencia. Indudablemente, la introducción de cualquier tecnología tiene unas consecuencias individuales y sociales que deberían ser tomadas en consideración.[37] Y en el caso de las pantallas y de los *softwares* que llevan aparejadas, no se ha producido, asumiendo que las dinámicas del mercado realizarían el ajuste de manera equitativa y justa, sin atender a la desigualdad de los actores en escena y a la opacidad sobre las dinámicas que pueden llevarnos con paso ingenuo y decidido hacia el precipicio.

---

[37]   McLuhan, *Comprender los medios,* 29.

MANIFIESTO ZOMBI

Ante esta apatía política, esta tiranía dulce, que hace mucho tiempo Alexis Tocqueville ya había identificado como uno de los grandes peligros para las democracias, es el momento de reivindicar, con sus virtudes y sus defectos, el modelo de cultura que nos ha llevado hasta aquí. Es necesario invocar a los zombis. A todos aquellos que no creen en la profecía del futuro digital y en la nube, sino que desean seguir disfrutando de los beneficios y de los placeres que encierra la cultura del libro. A todos aquellos que están convencidos de que los libros impresos y sus hermanos electrónicos siguen teniendo futuro, porque en sus páginas se soporta un universo cultural indispensable para la vida. A todos los que siguen frecuentando librerías, comprando libros, intercambiando experiencias lectoras, disfrutando de la emoción de una cubierta que se abre o esperando el momento de volver a casa para continuar con un relato interrumpido. A todos aquellos que están decididos a poner coto a la arrogancia de las pantallas seguros de que tienen algo importante que defender. Es el momento de manifestar discreta pero solemnemente que:

Leer libros no resuelve los problemas, pero ayuda a comprenderlos mejor.

Leer libros no es necesario, pero sí conveniente.

Leer libros nos reconcilia con nuestro ritmo interior y con la voz de nuestro pensamiento.

Leer libros nos devuelve las riendas del tiempo y volvemos a ser dueños de nuestra voluntad.

Leer libros nos hace más humanos y nos ayuda a reconocer lo humano que hay en el mundo de la tecnología, y también lo inhumano.

Leer libros no es incompatible con la utilización de pantallas ni dispositivos tecnológicos.

Leer libros nos ayuda a entender cómo y porqué hemos llegado hasta aquí.

Leer libros nos da una perspectiva crítica sobre el mundo que nos ha tocado vivir.

Leer libros nos invita a escribir y a comunicarnos mejor.

Leer libros nos adentra en una comunidad de lectores con los que compartir sueños y expectativas.

Leer libros nos ayuda a valorar en su justa medida la originalidad de las obras.

Leer libros nos hace evidente la presencia del autor que se encuentra tras cada una de las páginas de una obra.

Leer libros contribuye a reforzar la idea de lo colectivo.

Leer libros nos obliga a ser nosotros quienes busquemos la página y no la página la que nos busque a nosotros.

Leer libros nos recuerda que hay un mundo físico en el que acariciar, sopesar y abrazar es importante.

Leer libros nos ofrece la coartada de visitar las librerías que son jardines maravillosos por los que deambular al encuentro de una sorpresa.

Leer libros nos da la oportunidad de frecuentar bibliotecas públicas que son universos donde se replican la multitud de mundos posibles.

Leer libros es hacer una biblioteca personal que te recuerda quién eres, los autores que te han hablado y las obras que te han dejado huella.

Leer libros es un gesto de protesta contra un mundo que va demasiado rápido y sin control.

Leer libros no es una acción grandiosa de la que sentirse orgulloso, es un acto humilde, básico, esencial, como respirar, pero tan necesario que resulta indispensable.

***

Como decía no hace mucho tiempo una conocida *influencer,* leer libros no nos hace mejores. Sin embargo, habría que añadir, que tampoco peores, solo diferentes.

Además, los libros nos abren la puerta a un mundo cada vez más inaccesible, enormemente complejo y necesario para la supervivencia de una sociedad sana y democrática. Es un mundo de individuos capaces, profundamente humanos, que confían en la conciencia crítica, en la inteligencia humana y en el uso moderado de la tecnología, respetan la originalidad de los autores y aspiran a formarse una idea propia de la sociedad en la que viven y de aquella en la que les gustaría vivir.

BIBLIOGRAFÍA

[Alvarado]. *Primera carta crítica del filósofo rancio que impugna a la Española antigua y no a la Francesa, el discurso del señor diputado Argüelles sobre contribución de diezmos y los dictámenes de otros varios señores diputados que distraen a las cortes de su principal objeto.* Reimpresa en Mallorca, Oficina de Felipe Guasp, 1813.

Blasselle, Bruno. *Livre.* Gallimard, 2008.

Canal, Jordi. *Contar España. Una historia contemporánea en doce novelas.* Ladera Norte, 2025.

Carreras, Juan José. *Seis lecciones sobre historia.* Institución Fernando el Católico, 2003.

Cavallo, Guglielmo, y Roger Chartier. «Introduction». En *Histoire de la lecture dans le monde occidental,* de Guglielmo Cavallo y Roger Chartier. Seuil, 1997.

Chartier, Roger. «Du livre au lire». En *Practiques de la lectura,* de Roger Chartier. Payot & Rivages, 2003.

Chartier, Roger. «La Universidad como contexto para la edición de libros. Pasado, presente y futuro». En *Innovaciones y retos de la edición universitaria,* coordinado por Magda Polo. UNE, 2007.

Conecta. *Hábitos de lectura y compra de libros en España, 2025. Informe de resultados.* Federación de Gremios de Editores de España, 2026. https://federacioneditores.org/wp-content/uploads/2026/02/habitos-de-lectura-2025.pdf

D'Ancona, Matthew. *Posverdad. La nueva guerra contra la verdad y cómo combatirla.* Alianza, 2022.

Darnton, Robert. *L'aventure de l'Encyclopédie 1775-1800. Un best seller au siècle des Lumières.* Librairie Académique Perrin, 1982.

Dejardin, Camille. À *quoi bon encore apprendre?* Gallimard, 2025.

Domínguez, Íñigo. «Carlo Feltrinelli, editor: "Existe una red invisible de millones de lectores que contribuyen al bien en el mundo"». *El País,* 2 de marzo de 2026.

Eco, Umberto, y Jean-Claude Carrière. *Nadie acabará con los libros.* Lumen, 2010.

Engel, Pascal. *Les Vices du savoir. Essai d'étique intellectuelle.* Agone, 2029.

Ezquerra, Jesús. *Polis y caos. Reflexiones sobre el principio de la política.* Prensas de la Universidad de Zaragoza, 2021.

Federación de Gremios de Editores de España. *Comercio interior del libro en España. 2024.* Federación de Gremios de

Editores de España, 2025. https://federacioneditores.org/wp-content/uploads/2025/10/Comercio-Interior-2024_Interior.pdf

Gubern, Román. *Metamorfosis de la lectura.* Anagrama, 2010.

Habermas, Jürgen. *Historia y crítica de la opinión pública.* Gustavo Gili, 1982.

Hartog, François. *Croire en l'histoire.* Flammarion, 2013.

Hobbes, Thomas. *Leviatán.* Alianza, 2018.

Lledó, Emilio. *Los libros y la libertad.* RBA, 2013.

Marimón, Susana F. «¿Por qué todos queremos ser Carrie Bradshaw?». *El Mundo. La lectura,* 30 de enero de 2026.

McLuhan, Marshall. *Comprender los medios de comunicación. Las extensiones del ser humano.* Paidós, 1994.

Mhalla, Asma. *Technopolitique. Comment la technologie fait de nous des soldats.* Seuil, 2024.

PIRLS 2021 International Results in Reading – About PIRLS 2021 – PIRLS 2021. s. f. Accedido 16 de marzo de 2026. https://pirls2021.org/results/.

Platón. *Diálogos. Fedón, Banquete, Fedro.* Gredos, 2008.

Schaub, Jean-Fréderic. *Le passé ne s'invente pas.* Albin Michel, 2026.

Schiffrin, André. *La edición sin editores.* Destino, 2000.

Tallón, Juan. «Juan Tallón: "Yo leo peor. Veo el daño que me hace el teléfono"», entrevista de Berna González Harbour. *Qué estás leyendo,* podcast producido por *El País,* 6 de febrero de 2026. https://elpais.com/podcasts/

que-estas-leyendo/2026-02-06/juan-tallon-yo-leo-peor-veo-el-dano-que-me-hace-el-telefono.html.

Todorov, Tzvetan. *El espíritu de la Ilustración*. Galaxia Gutenberg, 2008.

Urrutia, Jorge. «Crisis de la lectura». *ABC,* 7 de marzo de 2026.

Zaid, Gabriel. *Los demasiados libros*. Debolsillo, 2010.

AGRADECIMIENTOS

Toda literatura de combate es necesariamente imperfecta porque suscribe la sutileza del argumento a la efectividad del texto. Pero si en alguna ocasión se justifica la escritura de un panfleto en defensa de la cultura del libro es precisamente en el momento actual. Confío en que se comprendan bien las razones de haber abordado el tema desde esta perspectiva polémica, de haber compuesto casi un libelo contra la arrogancia de las pantallas en el panorama del ocio y la cultura actuales. Por lo menos, nadie podrá decir que he tratado de remar a favor de la corriente. Espero que sirva para excusarme el hecho de que detrás de estas páginas hay un compromiso ético. Estoy convencido de que no podemos permitirnos dejar a su suerte la cultura del libro en medio de un escenario tecnológico dominado por las dinámicas del mercado y el interés de los poderosos. Es evidente que no van a hacer nada por conservarlo aquellos que más pueden beneficiarse del hundimiento de todo un ecosistema cultural que tiene al libro en el centro como paradigma de ciencia y verdad. Pero ¿por qué no deberíamos defenderlo quienes tanto podemos perder si desaparece? ¿En qué momento decidimos que no merecía la pena combatir por mantener en pie uno de los pilares de nuestra sociedad democrática? ¿No estaremos siendo víctimas de una fascinación inconsciente hacia lo tecnológico? ¿De dónde nace la confianza ciega en las virtudes de la inteligencia artificial? ¿No ha llegado acaso el momento de convocar a los zombis?

Este manifiesto ha sido redactado durante una estancia de investigación en la Aix-Marseille Université acogido por el laboratorio TELEMMe. Agradezco a la profesora Elisabel Larriba su entrañable hospitalidad y a los alumnos del master Langues, Littératures et Civilisations Étrangères et Régionales de la Faculté des Arts, Lettres, Langues, Sciences Humaines la posibilidad de discutir con ellos el primer borrador. Así mismo quiero manifestar mi agradecimiento a la directora de Editorial CSIC, Pura Fernández, por la invitación a redactar este texto animándome a hacerlo libre de las rigideces propias de un trabajo académico. También al magnífico equipo de Prensas de la Universidad de Zaragoza con el que he convivido y aprendido los misterios del libro durante la década y media que dirigí la editorial. Es de justicia reconocer también las aportaciones a un texto necesariamente breve e imperfecto, como toda literatura polémica, hechas por Jordi Canal, Javier Ramón, Peña Verón, Carlos Franco y Fernando Lasheras. Aunque ellos han puesto todo de su parte, las deficiencias de este opúsculo son responsabilidad exclusiva del autor.

Día del Libro

El libro es, sobre todo, un recipiente donde reposa el tiempo.
Una prodigiosa trampa con la que la inteligencia
y la sensibilidad humana vencieron a esa
condición efímera, fluyente, que llevaba
la experiencia del vivir hacia
la nada del olvido.

Emilio Lledó